Det kleene
Zille-Kochbuch

Lizenzausgabe für KOMET Verlag GmbH, Köln
www.komet-verlag.de
Gesamtherstellung: KOMET Verlag GmbH, Köln

ISBN 978-3-89836-459-1

Det kleene Zille-Kochbuch

WINNER
GOURMAND

KOMET

Inhalt

Vorwort

Wenn Sie heute Berliner nach berühmten Ur-Berlinern fragen, ist der Maler Heinrich Zille sicherlich unter denen, die Ihnen aufgelistet werden. Heinrich Zille wurde zwar nicht in Berlin, sondern in Radeburg bei Dresden, geboren, doch durch sein Schaffen wurde er zum Inbegriff des Berliners mit Herz. Seine Motive fand er dort, wo normalerweise kein Maler seiner Zeit sie suchen würde. Zille war der Maler der einfachen Leute. Er zeigte Missstände auf, übte durch seine Kunst soziale Kritik und wurde trotzdem von der künstlerischen Elite verehrt und in ihren Kreis aufgenommen. 1924 wurde er sogar Mitglied der Preußischen Akademie der Künste. Er veröffentlichte diverse Alben und Bücher, die alle das Berliner Leben um die Jahrhundertwende zum Thema haben. Seine „Zwanglosen Geschichten und Bilder", seine „Hurengespräche", „Die Landpartie", „Komm, Karlineken, komm", „Rund um's Freibad", „Mein Milljöh" und „Kinder der Straße" zeigen auf lebendige, farbenfrohe und detaillierte Weise das einfache Leben der Leute von nebenan.

In diesem Kochbuch für Berlin und Brandenburg finden Sie eine Auswahl von Zilles wunderbaren Grafiken passend zu typischen, schmackhaften Rezepten aus der Region. Charakteristische Berliner und Brandenburger Vorspeisen und Suppen wie z. B. der „Spandauer Rosenkohltopf", die „Löffelerbsen", „Hoppel-Poppel" (ein Omelett), „Spreewälder Kartoffelsalat" beginnen den Reigen um klassische Berliner und Brandenburger Rezepte. Es folgen herrliche Fischgerichte, wie z. B. „Grüner Aal mit Gurkensalat", „Rollmöpse von der Spree" und „Havelzander auf Lauchgemüse". Weiter geht es mit unverwechselbaren Fleisch- und Wildgerichten wie z. B. „Preußischer Beetenbartsch", „Eisbein", „Falscher Hase" und „Bollenfleisch". Gemüse- und Kartoffelgerichte wie z. B. „Senfgurken" oder „Altberliner Erbspüree" sind ebenfalls Bestandteil dieses außergewöhnlichen Kochbuchs. Abgerundet wird das Bild der Berliner und Brandenburgischen Küche durch eine Sammlung von delikaten Süßspeisen wie etwa dem typischen „Berliner Bienenstich", dem „Birnenauflauf" oder dem „Königskuchen".

Suppen und Vorspeisen

Buttermilchsuppe

Für 4 Portionen

500 ml Buttermilch
500 ml Gemüsebrühe
30 g Speisestärke
1 Eigelb
1 Zwiebel
50 g geräucherter Speck
1 hart gekochtes Ei
1 Bund Schnittlauch

Die Buttermilch und die Gemüsebrühe mit der Speisestärke mischen und unter Rühren zum Kochen bringen. Kurz aufkochen lassen, dann vom Herd nehmen.

Das Eigelb mit Salz und 2 El Wasser verrühren und in die Suppe rühren. Die Zwiebel schälen und würfeln. Den Speck ebenfalls in kleine Würfel schneiden.

Den Speck in der Pfanne auslassen, dann die Zwiebelwürfel darin dünsten. Zwiebel- und Speckwürfel in die Suppe geben.

Das Ei pellen und würfeln, den Schnittlauch waschen, trockenschütteln und hacken. Die Buttermilchsuppe mit Ei und Schnittlauch bestreut servieren.

Zubereitungszeit:
ca. 20 Minuten (plus Kochzeit)

Spandauer Rosenkohltopf

Für 4 Portionen

400 g Cabanossi
2 Zwiebeln
1 Knoblauchzehe
500 g Rosenkohl
3 Kartoffeln
2 El Butter
1 l Gemüsebrühe
Salz
Pfeffer
1 Tl edelsüßes Paprikapulver
1 Msp. gemahlene Muskatnuss
1 Prise Zucker
1 El Speisestärke
100 g saure Sahne
1 El gehacktes frisches Liebstöckel

Die Wurst würfeln. Die Zwiebeln und den Knoblauch schälen und klein schneiden. Den Rosenkohl putzen, waschen und abtropfen lassen. Die Kartoffeln waschen, schälen und in Würfel schneiden.

Die Butter in einem Topf schmelzen und die Wurst darin anbraten. Das Gemüse und die Kartoffeln zugeben und 5 Minuten unter Rühren mitschmoren. Die Gemüsebrühe angießen und die Mischung etwa 30 Minuten köcheln.

Den Eintopf anschließend mit Salz, Pfeffer, Muskat, Zucker und Paprikapulver abschmecken. Die Speisestärke in etwas Wasser anrühren und den Eintopf damit sämig andicken. Mit saurer Sahne verfeinern und mit Liebstöckel bestreut servieren.

Zubereitungszeit:
ca. 25 Minuten (plus Schmor- und Garzeit)

Gesellschaft in Altberliner Destille 1905 ▲

Linsensuppe mit Schweinebauch

Für 4 Portionen

1 Zwiebel
1 Bund Suppengrün
50 g Bauchspeck
1 El Öl
250 g Linsen
100 ml Rotwein
4 Scheiben Schweinebauch
1 Lorbeerblatt
1 Thymianzweig
Salz
Pfeffer

Die Zwiebel schälen und würfeln. Das Suppengrün putzen, waschen und in Streifen schneiden. Den Speck in Würfel schneiden.

Das Öl in einem Topf erhitzen und den Speck darin anbraten. Zwiebel und Suppengrün zum Speck geben und etwa 3 Minuten mitschmoren.

Linsen, Rotwein, 2 l Wasser und den Schweinebauch zugeben. Die Gewürze zufügen und alles etwa 45 Minuten kochen. Dann den Schweinebauch aus der Suppe nehmen und klein schneiden. Die Suppe mit Salz und Pfeffer abschmecken.

Zubereitungszeit:
ca. 20 Minuten (plus Schmor- und Garzeit)

Hilfsbereit UM 1907 ▲

Sellerierahmsuppe

Für 4 Portionen

1 Sellerieknolle
1 El Butter
1,2 l Gemüsebrühe
100 ml Sahne
1 Eigelb
Salz
Pfeffer

Den Sellerie gründlich waschen, schälen und in Würfel schneiden. Die Butter in einem Topf erhitzen und die Selleriewürfel darin andünsten. Die Gemüsebrühe angießen und alles etwa 45 Minuten köcheln.

Den Sellerie pürieren. Das Eigelb in die Sahne rühren und die Selleriesuppe damit legieren. Mit Salz und Pfeffer würzen.

Zubereitungszeit: ca. 15 Minuten (plus Kochzeit)

Haus und Beruf UM 1912 ▶

H. Zille.

Löffelerbsen

Für 4 Portionen

375 g ungeschälte gelbe Erbsen
1 Speckschwarte
500 g gepökelte Schweineohren
1 Tl Majoran
2 Zwiebeln
1 Bund Suppengemüse
2 Kartoffeln
2 El Butterschmalz
Salz
Pfeffer
1/2 Bund gehackte frische Petersilie

Die Erbsen über Nacht in Wasser einweichen. Am nächsten Tag im Einweichwasser (ca. 2 1/2 l) mit der Speckschwarte, den Schweineohren und Majoran aufkochen. Den Schaum abschöpfen. Erbsen abgedeckt etwa 1 Stunde 45 Minuten garen.

Inzwischen die Zwiebeln schälen, das Suppengemüse putzen, waschen und klein schneiden. Das Butterschmalz in einer Pfanne erhitzen und das Gemüse darin etwa 5 Minuten andünsten.

Das Gemüse ohne die Kartoffeln zu den Erbsen geben und 1 Stunde mitgaren. Die Kartoffeln waschen, schälen und würfeln. Nach Ende der Garzeit zu den Erbsen geben und alles weitere 20 Minuten garen.

Das Fleisch aus dem Topf nehmen und klein schneiden. Die Speckschwarte entfernen. Die Suppe mit Salz und Pfeffer abschmecken. Löffelerbsen mit Petersilie bestreut servieren.

Zubereitungszeit:
ca. 20 Minuten (plus Einweichzeit und Zeit zum Garen)

Grete im Hühnerhof 1886 ▲

Berliner Eintopf

Für 4 Portionen

2 Zwiebeln
250 g Kasseler
1 Staudensellerie
4 Kartoffeln
1 kleiner Blumenkohl
3 El Butter
200 ml Bier
750 ml Hühnerbrühe
1 Tl Thymian
2 Lorbeerblätter
1 Tl Zucker
Salz
Pfeffer
250 g TK-Erbsen
3 El gehackte frische Petersilie

Die Zwiebeln schälen und würfeln. Den Kasseler in Würfel schneiden. Sellerie putzen, waschen und in Ringe schneiden, die Kartoffeln waschen, schälen, halbieren und in Scheiben schneiden. Den Blumenkohl waschen und in Röschen teilen.

Die Butter in einem Topf erhitzen und das Gemüse sowie den Kasseler darin anbraten. Das Bier und die Hühnerbrühe angießen. Kräuter, Gewürze und Zucker zugeben und abschmecken.

Die Suppe etwa 30 Minuten abgedeckt köcheln. Nach 25 Minuten die TK-Erbsen zugeben. Nach dem Garen die Suppe nochmals abschmecken und mit Petersilie bestreut servieren.

Zubereitungszeit:
ca. 20 Minuten (plus Schmor- und Garzeit)

Im Bouillonkeller UM 1906 ▲

Kartoffelsuppe à la Kaiser Wilhelm

Für 4 Portionen

1 Zwiebel
1 El Butter
750 g Kartoffeln
1 Bund Suppengrün
1 l Brühe
Pfeffer aus der Mühle
Salz
Petersilie
Majoran
1 Schuss Sahne

Einlage:
Bockwurst oder geröstete Speckwürfel

Die Zwiebel pellen und würfeln. Das Suppengrün putzen, in kleine Stücke schneiden und mit den Zwiebelwürfeln in der geschmolzenen Butter in einem Topf rösten. Die Kartoffeln schälen, waschen, in große Stücke schneiden und zum Gemüse geben, kurz mitdünsten, dann mit der heißen Brühe auffüllen und etwa 30 Minuten gut weich kochen.

Die Suppe anschließend durch ein feines Sieb rühren, wieder in den Topf geben und noch einmal aufkochen. Dann mit Pfeffer, Salz und Majoran abschmecken. Die gehackte Petersilie dazugeben.

Nach Belieben noch einen Schuss Sahne in die Suppe geben. Die Würstchen oder die Speckwürfel in der Suppe etwa 10 Minuten erhitzen und servieren.

Zubereitungszeit:
ca. 35 Minuten (plus Garzeit)

Ehepaar in der Wohnküche UM 1915 ▲

Kräftige Gurkensuppe

Für 4 Portionen

500 g Kartoffeln
4 Gemüsegurken
4 Zwiebeln
300 g Stockschwämmchen aus dem Glas
60 g Butterschmalz
3/4 l Gemüsebrühe
Je 1 Prise Salz, Pfeffer, Zucker
Je 1/2 Bund gehackter frischer Dill und gehackte frische Petersilie
400 g Fleischwurst

Die Kartoffeln waschen, schälen und in Würfel schneiden, die Gurken schälen und in dicke Scheiben schneiden. Die Zwiebeln schälen und würfeln. Die Pilze abgießen und in einem Sieb abtropfen lassen.

Das Butterschmalz in einem Topf erhitzen und die Zwiebelwürfel darin andünsten. Kartoffelwürfel dazugeben und mitschmoren. Die Gemüsebrühe zugießen, aufkochen lassen und etwa 10 Minuten garen. Dann die Gurkenscheiben und Pilze unterheben und alles weitere 10 Minuten garen. Die Fleischwurst in Scheiben schneiden und 5 Minuten in der Suppe erwärmen.

Die Suppe mit Salz, Pfeffer und Zucker abschmecken. Die Kräuter in die Suppe geben und sofort servieren.

Zubereitungszeit:
ca. 20 Minuten (plus Schmor- und Garzeit)

Im Bouillonkeller UM 1912 ▲

Hühnersuppe mit Reis

Für 4 Portionen

1 Suppenhuhn (ca. 1 kg)
Salz
1 Sellerieknolle
4 Möhren
150 g Vollkornreis
300 g TK-Erbsen
Pfeffer

Das Huhn waschen und in Salzwasser etwa 1 Stunde 30 Minuten garen. Sellerie und Möhren putzen, waschen, schälen und in Würfel bzw. die Möhren in Scheiben schneiden. Nach 1 Stunde Garzeit das Gemüse zum Huhn geben und mitgaren.

Das Huhn aus der Brühe nehmen, abtropfen lassen. Den Reis waschen und in der Hühnerbrühe etwa 40 Minuten garen. Nach 30 Minuten Garzeit die Erbsen unaufgetaut zum Reis geben.

Das Huhn häuten, Fleisch von den Knochen lösen und in Streifen schneiden. Hühnerfleisch zum gekochten Reis in die Brühe geben, kurz erhitzen und mit Salz und Pfeffer abschmecken.

Den Schnittlauch waschen, trockenschütteln und hacken. Die Hühnersuppe mit Schnittlauch bestreut servieren.

Zubereitungszeit:
ca. 30 Minuten (plus Garzeit)

Frühling in der Konditorei – stille Zeit UM 1912 ▲

Eintopf mit Lammfleisch

Für 4 Portionen

500 g Lammfleisch ohne Knochen
4 El Öl
1 1/2 l Fleischbrühe
1 Lorbeerblatt
1/2 Sellerieknolle
250 g Teltower Rübchen
250 g Möhren
2 Stangen Lauch
2 Zwiebeln
50 g Graupen
Salz
Weißer Pfeffer
1 Bund Petersilie

Das Lammfleisch in mundgerechte Stücke schneiden. Öl in einem großen Topf erhitzen und die Fleischstücke darin von allen Seiten anbraten. 10 Minuten schmoren. Die Fleischbrühe erhitzen und mit dem Lorbeerblatt dazugeben. Alles weitere 30 Minuten garen.

Inzwischen das Gemüse putzen, waschen, Sellerie und Teltower Rübchen schälen und würfeln. Die Möhren schälen und in Scheiben schneiden. Den Lauch in Ringe schneiden. Die Zwiebel schälen und ebenfalls in Ringe schneiden.

Nach der Garzeit das Lorbeerblatt aus der Brühe nehmen und das Gemüse sowie die Graupen zufügen. Dann alles weitere 30 Minuten köcheln und die Suppe mit Salz und Pfeffer abschmecken.

Die Petersilie waschen, trockenschütteln und hacken. Die Suppe mit Petersilie bestreut servieren.

Zubereitungszeit:
ca. 25 Minuten (plus Schmor- und Garzeit)

Hoppel-Poppel (Berliner Omelett)

Für 4 Portionen

600 g Kartoffeln
400 g Schnitzelfleisch vom Schwein
125 g Butter
1 Zwiebel
Salz
Pfeffer
12 Eier
2 Salzgurke

Die Kartoffeln waschen, in Salzwasser etwa 30 Minuten garen, abgießen und abkühlen lassen. Anschließend die Kartoffeln schälen und in kleine Würfel schneiden.
Das Fleisch waschen, trockentupfen und in Streifen schneiden.

2 El Butter in einer Pfanne erhitzen und die Kartoffelwürfel darin anbraten. In einer zweiten Pfanne 2 El Butter erhitzen und die Fleischstreifen darin von allen Seiten braten. Mit Salz und Pfeffer würzen.
Die Zwiebel schälen, hacken und zum Fleisch geben.

Nun Kartoffeln und Fleisch in vier Portionen teilen.
Ein Viertel der restlichen Butter in einer Pfanne erhitzen und je eine Portion Kartoffeln und Fleischstreifen darin schwenken.

3 Eier verquirlen und darübergeben. Die Masse stocken lassen.
Das Omelett auf einen Teller stürzen, mit 1/2 Salzgurke belegen und mit Petersilie bestreuen.

Die restlichen 3 Hoppel-Poppel ebenso zubereiten.

Zubereitungszeit:
ca. 30 Minuten (plus Koch- und Bratzeit)

Selleriesalat

Für 4 Portionen

1 Sellerieknolle (ca. 750 g)
Salz
3 El Weißweinessig
4 El kaltgepresstes Distelöl
1 Zwiebel
Pfeffer
1 Prise Zucker
2 El gehackte frische Petersilie

Den Sellerie gründlich waschen und in wenig Salzwasser etwa 20 bis 25 Minuten garen. Abgießen – dabei etwas Kochwasser aufbewahren –, abkühlen lassen und schälen. Sellerie in Scheiben schneiden und in eine Schüssel legen.

Den Essig mit 200 ml Kochwasser und Öl mischen und über die Selleriescheiben geben. Zwiebel schälen, hacken und unter den Sellerie mischen.

Den Salat mit Salz, Pfeffer und Zucker abschmecken und 2 Stunden an einem kühlen Ort durchziehen lassen. Selleriesalat mit Petersilie bestreut servieren.

Zubereitungszeit:
ca. 15 Minuten (plus Garzeit und Zeit zum Durchziehen)

Im Zeltlager UM 1922 ▶

Spreewälder Kartoffelsalat mit Speck

Für 4 Portionen

1 kg Kartoffeln
1 Schlangengurke
1 Zwiebel
3 El Sonnenblumenöl
5 El Weißweinessig
Salz
Pfeffer
1 Prise Zucker
Je 1 El gehackte frische Petersilie und gehackter frischer Dill
125 g geräucherter Bauchspeck

Die Kartoffeln waschen, in kochendem Salzwasser etwa 20 Minuten garen, dann abgießen, abtropfen lassen, schälen und in Scheiben schneiden.

Die Gurke schälen und in Würfel schneiden oder in dünne Scheiben reiben. Die Zwiebel schälen und fein hacken.

Aus Öl, Essig, Salz, Pfeffer, Zucker und den Kräutern eine Salatsauce bereiten. Kartoffeln und Gurke in eine Schüssel geben und mit der Marinade übergießen.

Den Speck in kleine Würfel schneiden und in einer Pfanne auslassen. Speckwürfel über den Kartoffelsalat geben.

Zubereitungszeit:
ca. 25 Minuten (plus Garzeit und Zeit zum Auslassen)

Ausgehsonntag 1901 ▲

Speckeierkuchen mit Salat

Für 4 Portionen

250 g Mehl
500 ml Weißbier
6 Eier
Salz
1 Msp. gemahlene Muskatnuss
1 Msp. Backpulver
125 g Speck
1 Kopfsalat
1 kleine Zwiebel
2 El Öl
2 El Essig
Salz
Pfeffer
Zucker
Je 1/2 Bund gehackte frische Petersilie und frischer Schnittlauch

Mehl und Bier in eine Schüssel geben und vorsichtig miteinander verrühren. (Achtung: Das Bier schäumt). Anschließend Eier, Salz, Muskat und Backpulver zugeben und unter den Teig mischen.

Den Speck in feine Würfel schneiden. Je etwa 30 g Speckwürfel in einer Pfanne auslassen, jeweils eine Schöpfkelle Pfannkuchenteig hineingeben und von beiden Seiten goldbraun backen.

Den Salat putzen, waschen und gut abtropfen lassen.
Die Zwiebel schälen und hacken. Aus den Zwiebelwürfeln, Öl, Essig, Salz, Pfeffer, Zucker, Petersilie und Schnittlauch eine Salatsauce bereiten und über den Salat geben.

Speckeierkuchen mit grünem Salat servieren.

Zubereitungszeit:
ca. 25 Minuten (plus Backzeit)

Belebendes Element UM 1910 ▲

Strammer Max pikant

Für 4 Portionen

3 El Butter
4 Scheiben Schwarzbrot
1 Zwiebel
4 Eier
Salz
Pfeffer
4 Blätter Kopfsalat
6–8 Scheiben roher Schinken
4 Gewürzgurken
1/2 Tl edelsüßes Paprikapulver
2 El gehackte frische Petersilie

2 El Butter in einer Pfanne erhitzen und die Brotscheiben darin von beiden Seiten je 2 Minuten anrösten. Dann aus der Pfanne nehmen.

Die Zwiebel schälen und in Ringe schneiden. Die Zwiebelringe im Fett in der Pfanne andünsten. Die restliche Butter in die Pfanne geben und vier Spiegeleier backen. Mit Salz und Pfeffer würzen.

Die Brotscheiben auf vier Teller verteilen. Darauf je 1 Salatblatt und 2 Scheiben Schinken legen. Die Gewürzgurken dünn schneiden und darüber legen.

Pro Brot 1 Spiegelei darauf setzen und mit Zwiebelringen garnieren. Mit Paprikapulver und Petersilie bestreut servieren.

Zubereitungszeit:
ca. 10 Minuten (plus Zeit zum Rösten und Braten)

Fischgerichte

Hecht in Meerrettichsauce

Für 4 Portionen

1 kg Hechtfleisch
Salz
Pfeffer
2 Zwiebeln
2 Petersilienwurzeln
2 Möhren
2 Lorbeerblätter
1/2 Bund gehackte frische Petersilie
1/2 Bund gehackter frischer Dill
4 El Butter
3 El Mehl
3 El geriebener Meerrettich
2 Eigelb
125 ml Sahne

Das Fischfleisch waschen, trockentupfen und in 4 Portionen teilen. Mit Salz und Pfeffer würzen und in einem Steingutgefäß etwa 1 Stunde ziehen lassen.

Einen großen Topf mit Wasser füllen, die Hechtstücke hineingeben und langsam erhitzen. Inzwischen Zwiebeln, Petersilienwurzeln und Möhren schälen und in Streifen schneiden.

Das kochende Fischwasser vom Schaum befreien und das Gemüse mit Zwiebeln und Lorbeerblättern hineingeben. Fisch und Gemüse etwa 15 Minuten garen lassen.

Fischstücke und Gemüse mit einer Schaumkelle aus dem Wasser holen und warm stellen. Mit den Kräutern belegen.

Für die Sauce Butter schmelzen und mit dem Mehl eine Mehlschwitze herstellen, mit 400 ml Fischsud aufgießen und etwas einkochen lassen. Den Meerrettich unterrühren und die Sauce mit Salz abschmecken.

Die Eigelbe mit der Sahne schaumig rühren und in die Sauce geben, nicht mehr kochen. Hecht mit der Meerrettichsauce servieren, dazu Salzkartoffeln reichen.

Zubereitungszeit:
ca. 30 Minuten (plus Zeit zum Ziehen, Koch- und Garzeit)

Familie in der Kneipe o. J. ▲

Schleie in Senfsauce

Für 4 Portionen

1 Zwiebel
2 El Weinessig
5 Pfefferkörner
3 Pimentkörner
1 Lorbeerblatt
Salz
4 küchenfertige Schleien
5 El Butter
4 El Mehl
250 ml Gemüsebrühe
250 ml Fischkochsud
2 El Senf
3 El Sahne

Die Zwiebel schälen und klein schneiden. Mit 1 l Wasser, Weinessig, Pfeffer- , Pimentkörnern, Lorbeerblatt und Salz in einem Topf aufkochen. Die Fische waschen, in den Topf geben und 15 Minuten in der Marinade ziehen lassen.

Die Butter in einem Topf schmelzen, das Mehl darüber sieben und unter Rühren zu einer Einbrenne verarbeiten. Kochsud und Brühe angießen, aufkochen und die Sauce unter Rühren sämig einkochen lassen.

Mit Senf und Sahne abschmecken. Die Schleien aus der Marinade nehmen und auf einer vorgewärmten Platte anrichten. Mit der Senfsauce überziehen. Dazu Petersilienkartoffeln reichen.

Zubereitungszeit:
ca. 20 Minuten (plus Gar- und Kochzeit)

Flusskrebse in Dillsauce

Für 4 Portionen

Flusskrebsfleisch (TK-Ware)
4 El Butter
3 El Mehl
200 ml Weißwein
200 ml Hummerfond
2 El gehackte frische Petersilie
1/2 Bund gehackter frischer Dill
200 g saure Sahne
Salz
Gemahlener Kümmel

Das Flusskrebsfleisch auftauen lassen und in heißem Wein und Fond etwa 5 Minuten erhitzen. Dann herausnehmen und warm stellen.

Die Butter in einem Topf schmelzen. Das Mehl darüber sieben und unter Rühren zu einer Einbrenne verarbeiten.

Die Mehlschwitze mit Wein und Hummerfond ablöschen und aufkochen lassen. Den Dill in die Sauce rühren und mit der sauren Sahne verfeinern. Mit Salz und Kümmel abschmecken.

Das Krebsfleisch auf Teller verteilen und mit der Dillsauce überziehen. Dazu Reis und grünen Salat reichen.

Zubereitungszeit:
ca. 15 Minuten (plus Zeit zum Auftauen und Kochen)

Die Kellerkneipe 1916 ▲

Havelzander auf Lauchgemüse

Für 4 Portionen

1 küchenfertiger Havelzander
1 Tl Zitronensaft
Salz
Pfeffer
1 Bund Petersilie
500 g Lauch
5 El Butter

Salz
Pfeffer
100 ml trockener Weißwein
1 Schalotte
1 El Essig
150 g kalte Butter
1 Tl Zitronensaft
1/4 Tl Cayennepfeffer

Den Fisch gut waschen und trockentupfen. Innen und außen mit Salz und Pfeffer einreiben und mit Zitronensaft beträufeln. Die Petersilie waschen und trockenschütteln. Den Backofen auf 200 °C (Umluft 180 °C) vorheizen.

Den Lauch putzen, gründlich waschen und die dunkelgrünen Teile abschneiden. Dann den Lauch in Ringe schneiden. Die Butter in einem Topf schmelzen, die Lauchringe darin 3 Minuten andünsten und mit Salz und Pfeffer würzen.

Den Lauch in eine Auflaufform geben und den Fisch darauf legen. 50 ml Wein angießen und den Fisch abgedeckt im Ofen etwa 30 Minuten garen.

Inzwischen die Schalotte schälen und würfeln. In einem Topf 2 El Wasser mit dem Essig und dem Wein aufkochen, die Schalottenwürfel zugeben und die Flüssigkeit langsam bis auf etwa 2 El einkochen lassen.

Den Topf ins Wasserbad stellen und die kalte Butter mit einem Schneebesen langsam einrühren. Aus dem Wasserbad nehmen und die Sauce mit Salz, Pfeffer, Zitronensaft und Cayennepfeffer abschmecken. Den Fisch zusammen mit der Sauce servieren.

Zubereitungszeit: ca. 25 Minuten (plus Schmor- und Garzeit)

Eingelegte Bratheringe

Für 4 Portionen

4 küchenfertige grüne Heringe
Zitronensaft
Salz
100 g Mehl
3 El Butterschmalz
250 ml Weinessig
1 Tl Senfkörner
5 Pfefferkörner
1/2 Tl gemahlener Koriander
1 Lorbeerblatt
3 Zwiebeln
1 Salzgurke

Die Heringe waschen und trockentupfen. Mit Zitronensaft beträufeln und mit Salz einreiben. Das Mehl auf einen Teller geben und die Fische darin wenden.

Das Butterschmalz in einer Pfanne erhitzen und die Fische darin von beiden Seiten goldbraun braten. Auf Küchenpapier abtropfen und abkühlen lassen.

Essig, 250 ml Wasser und die Gewürze in einen Topf geben und aufkochen. Die Zwiebeln schälen und in Ringe schneiden, die Gurke in Scheiben schneiden.

Heringe, Zwiebel- und Gurkenscheiben abwechselnd in eine Steingutschüssel schichten und die abgekühlte Marinade darüber geben. Die Fische gut 1 Tag marinieren lassen.

Bratheringe mit frischem Brot oder Bratkartoffeln servieren.

Zubereitungszeit: ca. 20 Minuten (plus Brat- und Marinierzeit)

Morgenstunde hat Gold im Munde 1922 ▶

Restaurant Nussbaum
Berliner Kindl
Fischerstrasse
20
500000 Mark
Belohnung
Der Staatsanwalt
2 Millionen
H. Zille 1922.

Rollmöpse von der Spree

Für 4 Portionen

4 Salzheringe
Pfeffer
2 Tl Senf
2 Zwiebeln
1 saure Gurke
250 ml Weinessig
1 Lorbeerblatt
1 El Senfkörner
Zahnstocher

Die Heringe waschen und über Nacht wässern. Am nächsten Tag aus dem Wasser nehmen und abtupfen. Dann die Filets auslösen.

Die Fischfilets innen mit Pfeffer würzen und mit Senf bestreichen. Die Zwiebel schälen und in dünne Ringe schneiden, die Gurke in Scheiben schneiden. Zwiebelringe und Gurkenscheiben auf den Fischfilets verteilen. Fische zusammenrollen und mit Zahnstochern fest zusammenstecken.

Aus Essig, Senfkörnern und Lorbeerblatt in einem Steinguttopf oder einem verschließbaren Glas eine Marinade bereiten und die Rollmöpse hineinlegen.

Die Rollmöpse 3 bis 4 Tage durchziehen lassen, bevor sie mit knusprigen Bratkartoffeln serviert werden.

Zubereitungszeit:
ca. 25 Minuten (plus Zeit zum Wässern und Durchziehen)

Eingelegte Heringe in Sahnesauce

Für 6 Portionen

12 Salzheringsfilets
1 Flasche helles Bier (500 ml)
4 Zwiebeln
2 Äpfel
1/4 l saure Sahne
1 Becher Joghurt (150 g)
Saft von 1/2 Zitrone
Zucker nach Geschmack
1 Prise Piment
1 Bund Dill

Die Salzheringsfilets über Nacht in Wasser einlegen. Am nächsten Tag herausnehmen, trockentupfen und in eine Schüssel legen. Das Bier darüber gießen und 4 Stunden ziehen lassen.

Anschließend die Fischfilets aus dem Biersud nehmen und abtropfen lassen. Die Zwiebeln schälen und in dünne Ringe schneiden. Die Äpfel waschen, schälen, vierteln und die Kerngehäuse entfernen. Die Äpfel in Spalten schneiden.

Saure Sahne mit Joghurt, Zwiebeln, Äpfeln, Zitrone und den Gewürzen mischen. Die Heringsfilets in eine Keramikschüssel legen und die Sahnemarinade darüber geben.

Die Schüssel mit Folie abdecken und die Heringe mindestens 5 Stunden durchziehen lassen. Den Dill waschen, trockenschütteln und hacken. Vor dem Servieren über die eingelegten Heringe geben. Mit Kümmelkartoffeln servieren.

Zubereitungszeit:
ca. 20 Minuten (plus Zeit zum Durchziehen)

Grüner Aal mit Gurkensalat

Für 4 Portionen

1 kg küchenfertiger Aal
2 große Zwiebeln
6 Schalotten
350 g frischer Mangold
Je 1 Bund Petersilie, Estragon, Kerbel
80 g Butter
Salz
Pfeffer
1 Msp. gemahlene Muskatnuss
1/2 l trockener Weißwein
Saft von 1 Zitrone

2 Eigelb
1 Salatgurke
2 Tl gehackter frischer Estragon
2 Tl gehackter frischer Dill
1 Tl gehackter Kerbel
3 El Mayonnaise
2 El Sahne
1 El Kräuteressig
Salz
Weißer Pfeffer
1 Prise Zucker

Den Aal waschen, trockentupfen und in etwa 5 cm lange Stücke schneiden. Die Zwiebeln und Schalotten schälen und hacken. Den Mangold putzen, waschen, abtropfen lassen und in feine Streifen schneiden. Die Kräuter waschen, trockenschütteln und hacken.

Die Butter in einer Pfanne zerlassen und Zwiebeln sowie Schalotten darin glasig dünsten. Die Aalstücke dazugeben und etwa 10 Minuten bei geschlossenem Topf dünsten. Dann Mangoldstreifen und gehackte Kräuter hinzufügen und mit Salz, Pfeffer und Muskat würzen. Den Wein zugießen und alles weitere 15 Minuten dünsten.

Den Topf vom Herd nehmen. Die Sauce mit Zitronensaft abschmecken und mit den Eigelben binden. Den Aal abkühlen lassen und mit frischen Brötchen servieren.

Für den Gurkensalat die Gurke waschen, schälen und längs halbieren. Die Kerne mit einem Löffel herausholen und die Gurkenhälften in Scheiben schneiden.

Die Gurkenscheiben in eine Schüssel geben und mit den Kräutern mischen. Die Mayonnaise mit der Sahne, dem Essig, Salz, Pfeffer und Zucker mischen und über die Gurken geben. Die Zutaten gut mischen und 20 Minuten durchziehen lassen.

Zubereitungszeit: ca. 30 Minuten (plus Schmor- und Dünstzeit)

Das bessere Los um 1906 ▲

Fleisch- und Wildgerichte

Preußischer Beetenbartsch

Für 4 Portionen

600 g Rindfleisch
2 Markknochen
1 Brühwürfel
1/2 Tl Kümmel
12 Pfeffer- und
6 Pimentkörner
1 Liter Wasser
1 Bund Suppengrün

600 g Rote Beete
etwas Essig
1/2 Bund Majoran
Salz, Pfeffer aus der Mühle
100 g durchwachsener Speck
1 Zwiebel
600 g gekochte Kartoffeln
1/4 Liter saure Sahne

Rindfleisch und Markknochen abspülen und mit dem Brühwürfel, Kümmel, Pfeffer- und Pimentkörnern im Wasser zum Kochen bringen, dann abschäumen und etwa 60 Minuten kochen lassen. Nach etwa 45 Minuten die Knochen aus der Brühe nehmen, von dem Mark 4 Scheiben abschneiden und zum späteren Anrichten beiseite stellen. Den Rest wieder in die Brühe zurückgeben.

Das Suppengrün putzen, waschen, die schönsten Stücke in Würfel schneiden und beiseite stellen. Das übrige Suppengrün in die Brühe geben.

Rote Beete in Wasser weich kochen, dann in kaltem Wasser abschrecken, schälen, raspeln und mit Essig beträufeln. Das gare Rindfleisch aus der Brühe nehmen und warm stellen. Die Brühe durch ein Sieb gießen und nun das gewürfelte Suppengrün darin etwa 20 Minuten weich kochen. Dann die Rote Beete sowie die gezupften Majoranblätter (4 Stück zurücklassen) in die Brühe dazugeben, mit Salz und Pfeffer abschmecken.

Speck und abgezogene Zwiebel in kleine Würfel schneiden und in einer Pfanne anbraten. Die gekochten, in grobe Stücke geschnittenen Kartoffeln hinzufügen und durchschwenken. Nun das Rindfleisch in 4 Scheiben schneiden und mit den Kartoffeln in den Baltsch geben.

In einer Schüssel anrichten. Die Sahne in Häufchen daraufsetzen und die 4 Markscheiben mit je einem Majoranblatt belegt darauf verteilen.

Zubereitungszeit:
ca. 50 Minuten (plus Gar- und Kochzeit)

Eisbein

Für 4 Portionen

2 kg gepökelte Eisbeine, in Stücken von 500 g
1 Zwiebel
Salz
5 Gewürzkörner
4 Pfefferkörner
2 Lorbeerblätter
1 Prise Zucker

Eisbeine gut waschen und trocknen. Die Zwiebel schälen und halbieren.

Eisbeine in 3 l Wasser mit Salz, Gewürz- und Pfefferkörnern und Zucker ca. 1 Stunde kochen, bis sie weich sind.
Das sind sie, wenn sich das Fleisch leicht vom Knochen lösen lässt.

Eisbeine aus dem Wasser nehmen und auf Tellern anrichten.
Klassisch isst man sie mit Erbspüree, Sauerkraut, Salzkartoffeln und viel Senf.

Zubereitungszeit: ca. 15 Minuten (plus Garzeit)

Statusfrage UM 1904 ▲

Stolzer Heinrich (Bratwurst mit Biersauce)

Für 4 Portionen

4 Berliner Bratwürste
5 El Butter
100 ml Milch
4 Pfefferkuchen
1 Flasche dunkles Bier
Salz
Pfeffer
1 Prise Zucker

Die Bratwürste in kochendem Wasser kurz überbrühen. Die Butter in einer Pfanne zerlassen. Die Würste mit einer Gabel mehrmals einstechen und in der Milch wenden. Dann in der heißen Butter von allen Seiten goldbraun braten.

Würste aus der Pfanne auf einen vorgewärmten Teller legen und warm stellen. Die Pfefferkuchen mit einer Gabel zerdrücken und im Bratfett unter Rühren zerkleinern.

Das Bier in die Pfanne gießen und unter Rühren aufkochen lassen. Die Sauce mit Salz, Pfeffer und Zucker abschmecken und zu den Bratwürsten servieren. Dazu frisches Brot und Senf oder Kartoffelbrei reichen.

Zubereitungszeit: ca. 15 Minuten (plus Bratzeit)

Am Pferdefleischwagen UM 1905 ▲

Berliner Bierhähnchen

Für 4 Portionen

1 großes Brathähnchen oder 2 kleine (ca. 2 kg)
1 Flasche helles Bier
Salz
Pfeffer
Je 1 Tl getrockneter Majoran und Thymian
200 g magerer Speck
2 Zwiebeln
50 g Butterschmalz
1 Tl Mehl
1 Tl Tomatenmark
1 Bund gehackter frischer Dill

Das Hähnchen waschen und trockentupfen. Dann in vier Teile schneiden. Aus Bier, Salz, Pfeffer und Thymian eine Marinade bereiten und die Hähnchenteile darin etwa 24 Stunden marinieren.

100 g Speck in Würfel schneiden, die Zwiebeln schälen und ebenfalls würfeln. Das Schmalz in einem Bräter erhitzen und die Hähnchenteile – abgetropft und abgetupft – darin von allen Seiten goldgelb braten. Speck und Zwiebeln zugeben und mitschmoren.

Etwas Marinade zu den Hähnchen geben und das Mehl darüber stäuben. Dann die restliche Marinade angießen. Die Sauce aufkochen und 10 Minuten köcheln, mit Salz, Pfeffer, Majoran und Tomatenmark abschmecken.

Die Hähnchenteile weitere 15 Minuten in der Sauce köcheln. Den restlichen Speck in Scheiben schneiden und in einer Pfanne knusprig braten.

Die Hähnchenteile mit den Speckscheiben belegen, auf Teller verteilen und die Sauce angießen. Mit Dill bestreut servieren. Dazu Brot und Sahnemeerrettich reichen.

Zubereitungszeit:
ca. 20 Minuten (plus Zeit zum Marinieren, Brat- und Garzeit)

Buletten mit Kartoffelsalat

Für 4 Portionen

1 altbackenes Brötchen
2 Zwiebeln
20 g Butter
500 g gemischtes Hackfleisch
2 Eier
Salz
Pfeffer
Muskat
50 g Paniermehl
3 El Sonnenblumenöl

Das Brötchen in Wasser einweichen.
Die Zwiebeln schälen und in Würfel schneiden.
Die Butter in einer Pfanne erhitzen und die Zwiebeln darin anschmoren.

Das Brötchen gut ausdrücken. Das Hackfleisch in einer Schüssel mit dem Brötchen, den Zwiebeln, 1 Ei und den Gewürzen gut vermischen.
Den Teig 10 Minuten ruhen lassen, dann in 8 Portionen teilen.

Das zweite Ei auf einem Teller verquirlen.
Das Paniermehl ebenfalls auf einen Teller geben.

Das Öl in einer Pfanne erhitzen. Aus dem Fleischteig Bällchen formen und zuerst im Ei, dann im Paniermehl wälzen.
Im heißen Öl von allen Seiten etwa 6 Minuten gut durchbraten.

Dazu Kartoffelsalat reichen.

Zubereitungszeit: ca. 15 Minuten (plus Bratzeit)

Leber mit Äpfeln und Zwiebeln

Für 4 Portionen

4 Scheiben Kalbsleber (à 125 g)
2 Gemüsezwiebeln
2 Äpfel
100 g Mehl
Salz
Pfeffer
4 Scheiben Bauchspeck
3 El Butterschmalz

Die Leber waschen und trockentupfen. Die Zwiebeln schälen und in Ringe schneiden. Die Äpfel schälen, von den Kerngehäusen befreien und in Scheiben schneiden.

Das Mehl auf einen Teller geben und mit Salz und Pfeffer mischen. 1 El Butterschmalz in einer Pfanne erhitzen, die Speckscheiben darin knusprig braten und herausnehmen.

Die Leber in dem gewürzten Mehl wenden und im Fett von beiden Seiten je 5 Minuten braten. In einer zweiten Pfanne das restliche Fett erhitzen und die Apfelscheiben darin dünsten. Aus der Pfanne nehmen und die Zwiebeln im selben Fett glasig schmoren.

Die Leber mit Apfel- und Zwiebelringen bedecken, auf Teller verteilen und mit Speckscheiben belegen.
Dazu Kartoffelbrei servieren.

Zubereitungszeit: ca. 25 Minuten (plus Brat- und Schmorzeit)

Wurscht UM 1923 ▲

Königsberger Klopse

Für 4 Portionen

1 altbackenes Brötchen
2 kleine Zwiebeln
600 g gemischtes Hackfleisch
3 Eier
4 Sardellen (aus dem Glas)
50 g Butter
40 g Mehl
50 g Kapern
Saft von 1/2 Zitrone
Salz
Pfeffer
1 Prise Zucker
100 ml Sahne

Das Brötchen in warmem Wasser einweichen. Die Zwiebeln schälen und hacken. Das Hackfleisch mit dem ausgedrückten Brötchen, den Zwiebeln und 1 Ei mischen und gut mit Salz und Pfeffer würzen. Die Sardellen gut abspülen und fein hacken. Zum Fleisch geben und aus allen Zutaten einen homogenen Teig kneten.

In einem Topf Salzwasser zum Kochen bringen. Aus dem Fleischteig kleine Klopse formen und im Wasser etwa 20 Minuten garen.

Die Butter in einem Topf schmelzen und das Mehl dazusieben. Unter Rühren eine Mehlschwitze herstellen und mit Kochwasser von den Klöpsen ablöschen, bis eine sämige Sauce entstanden ist.

Die Sauce etwa 10 Minuten köcheln, dann die Kapern hineinrühren und mit Zitronensaft, Salz, Pfeffer und Zucker abschmecken.

Die beiden Eier trennen und die Eigelbe mit der Sahne verquirlen. Mit der Sahne die Sauce verfeinern. Die Königsberger Klopse in der Kapernsauce servieren. Dazu Reis oder Kartoffeln reichen.

Zubereitungszeit: ca. 20 Minuten (plus Gar- und Kochzeit)

Kasseler Rippespeer mit Honigkruste

Für 4 Portionen

1 kg roher Kasseler Rippespeer
mit Knochen
250 ml trockener Riesling
abgeriebene Schale
von 1/2 unbehandelten Zitrone
6 Pfefferkörner
1 Stück frisch
geriebener Ingwer (ca. 2 cm)
6 Wacholderbeeren

1 Zwiebel
2 El Honig
2 El Senf
1 El geriebener Meerrettich
1 El Paniermehl
4 El Crème fraîche
125 ml Fleischbrühe
Salz
Pfeffer

Das Fleisch waschen und in eine Schüssel legen, den Wein mit Zitronenschale, Pfefferkörner, Ingwer und Wacholderbeeren dazugeben und das Fleisch darin etwa 4 Stunden marinieren.

Den Backofen auf 200 °C (Umluft 180 °C) vorheizen. Den Kasseler aus der Marinade nehmen und in einen Bräter geben. Die Zwiebel schälen, klein schneiden und dazugeben. Ein Drittel der Marinade hinzufügen und das Fleisch im Ofen etwa 15 Minuten braten, wenden und weitere 20 Minuten braten, dabei mit Bratensaft begießen, eventuell noch Marinade zugeben.

Honig, Senf, Meerrettich, Paniermehl und 1 El Crème fraîche verrühren. Die Masse auf den Kasseler streichen und den Braten im Ofen bei 225 °C (Umluft 200 °C) weitere 15 Minuten braten, bis die Kruste knusprig ist. Das Fleisch aus dem Bräter nehmen und warm stellen.

Den Bratensatz mit Fleischbrühe loskochen, 400 ml der Marinade zugeben und aufkochen. Die Sauce durch ein Sieb gießen und etwas einkochen lassen. Die restliche Crème fraîche unterrühren und mit Salz und Pfeffer abschmecken.

Den Kasseler vom Knochen lösen und in Scheiben schneiden. Mit der Sauce servieren.

Zubereitungszeit: ca. 20 Minuten (plus Marinier- und Bratzeit)

Berliner Gänseweißsauer

Für 4 Portionen

1/2 Gans
1 l Wasser
1 gestrichener Tl Salz
1/2 Lorbeerblatt
10–12 schwarze Pfefferkörner
12 Blatt weiße Gelatine
Saft von 1 Zitrone
1/2 Tl Zucker
1/4 l Weißwein
1 Tl Weinessig
Zitronenschnitze
Petersilie
1 hartes Ei
Gurkenscheiben
(Wenn man nicht eine halbe Gans nehmen will, deren andere Hälfte anderweitig verwendet wurde, kann man natürlich bei Verdoppelung der Zutaten eine ganze Gans nehmen; im Übrigen können hier sogar ältere, vielleicht ein wenig zähe Gänse in Frage kommen).

Die kalt gewaschene Gans in Portionsstücke teilen, diese mit dem Salz, dem Lorbeerblatt und den Pfefferkörnern 60 Minuten lang kochen, dann erkalten lassen und das Fett abheben.

Die Brühe durch ein Sieb abgießen. Die Gelatine in der Gänsebrühe einweichen, dann diese erhitzen, bis die Gelatine sich völlig gelöst hat. Den Zitronensaft, den Zucker, den Wein und den Essig zufügen und die Flüssigkeit abkühlen lassen. Eine große Schale damit füllen, die Gänsestücke hineinlegen und mit Zitronenschnitzen, Gurkenscheiben, Scheiben von hartem Ei und Petersilie garnieren. Das Weißsauer im Kühlschrank erstarren lassen und dann stürzen.

Typische Beilagen sind Bratkartoffeln und Selleriesalat.

Zubereitungszeit:
ca. 25 Minuten (plus Kochzeit)

H. Zille

Berliner Schmorbraten

Für 6 Portionen

1 Rinderbraten (Schwanz oder Blume), ca. 800 g
Salz
Pfeffer
1/2 Tl gemahlener Ingwer
2 El Butterschmalz
1 Stück Schweineschwarte
1 Bund Suppengemüse
6 Pfefferkörner
250 ml Fleischbrühe
200 ml Rotwein
2 unbehandelte Zitronenscheiben
200 g Crème fraîche

Das Fleisch waschen und trockentupfen. Mit Salz, Pfeffer und Ingwer einreiben. Das Butterschmalz in einem großen Bräter erhitzen und das Fleischstück darin von allen Seiten gut anbraten. Die Schweineschwarte zugeben.

Das Suppengemüse putzen, waschen und klein schneiden. Zum Fleisch geben und die Pfefferkörner darüber streuen. Alles noch 5 Minuten mitschmoren, dann Fleischbrühe und Wein angießen. Zitronenscheiben zugeben und den Bräter verschließen.

Den Schmorbraten etwa 3 Stunde bei geringer Temperatur garen. Gelegentlich mit Bratensaft übergießen. Nach Ende der Garzeit das Fleisch aus dem Topf nehmen und warm stellen.

Den Bratensaft durch ein Sieb in einen Topf streichen. Überschüssiges Fett entfernen. Die Crème fraîche einrühren und die Sauce sämig einkochen. Das Fleisch mit der Sauce und Klößen mit Rotkohl servieren.

Zubereitungszeit: ca. 20 Minuten (plus Schmor- und Garzeit)

Frauen in der Kneipe 1909 ▲

Schweinekotelett mit Kümmelsauce

Für 4 Portionen

4 Schweinekoteletts (à 200 g)
Salz
Pfeffer
2 El Butterschmalz
2 El Butter
1 Zwiebel
1 El gemahlenen Kümmel
100 ml Weißwein
250 ml Fleischbrühe
2 Eigelb
100 ml dunkles Bier

Die Koteletts waschen, trockentupfen und an den Fetträndern einschneiden. Mit Salz und Pfeffer einreiben. Das Butterschmalz in einer Pfanne erhitzen und die Koteletts darin von beiden Seiten gut anbraten. Bei etwas geringerer Temperatur das Fleisch in etwa 10 Minuten garen. Dann aus der Pfanne nehmen und das Bratfett entfernen.

1 El Butter in der Pfanne erhitzen. Die Zwiebel schälen und hacken. Im heißen Fett andünsten, dann den Kümmel zugeben und mitschmoren. Wein und Brühe angießen und die Sauce zur Hälfte einkochen lassen.

Sauce durch ein Sieb in einen Topf passieren und die restliche Butter darunter schlagen.

Die Eigelbe mit dem Bier in einer Schüssel über dem Wasserbad schaumig schlagen und unter die Kümmelsauce ziehen. Die Sauce mit Salz und Pfeffer abschmecken. Koteletts mit Kümmelsauce und Gemüse servieren.

Zubereitungszeit: ca. 20 Minuten (plus Schmor- und Garzeit)

Falscher Hase

Für 4 Portionen

1 altbackenes Brötchen
250 g Rinderhack
250 g Schweinehack
100 g Speck
2 Zwiebeln
1 Möhre
1 Ei
1 Tl getrockneter Majoran
1 El gehackte frische Petersilie
1 Tl Senf
200 g Sahne
1 El Mehl
Salz
Pfeffer

Das Brötchen in warmem Wasser einweichen. Die beiden Hackfleischsorten miteinander mischen, den Speck würfeln. Die Zwiebeln schälen und hacken. Die Möhre waschen und reiben. Den Backofen auf 180 °C (Umluft 160 °C) vorheizen.

Das Brötchen gut ausdrücken und mit Hackfleisch, Speck, Zwiebeln, Möhre und Ei in einer Schüssel gut miteinander vermengen, die Kräuter und den Senf unterheben. Den Teig zu einem länglichen Laib formen und in die Fettpfanne setzen. 250 ml Wasser angießen und den Braten etwa 30 Minuten garen. Während des Garens mehrmals mit dem Wasser übergießen.

Anschließend den Braten auf einer vorgewärmten Platte warm halten. Den Bratensatz mit etwas Wasser loskochen. Die Sahne angießen und etwas einkochen lassen. Die Sauce mit Salz und Pfeffer abschmecken. Den Falschen Hasen in Scheiben schneiden und mit der Sauce und Erbsen servieren.

Zubereitungszeit: ca. 25 Minuten (plus Garzeit)

Das überseeische gefrorene Hammelfleisch o. J. ▲

Beamtenstippe mit Bandnudeln

Für 4 Portionen

1 große Zwiebel
3 El Butterschmalz
300 g gemischtes Hackfleisch
1 El Mehl
1 Tl Instant-Fleischbrühe
Salz
Pfeffer
Edelsüßes Paprikapulver
450 g Bandnudeln
4 Gewürzgurken

Die Zwiebel schälen und in Würfel schneiden. Butterschmalz in einer Pfanne zerlassen und die Zwiebelwürfel darin anbraten.

Das Hackfleisch dazugeben und mitschmoren, bis es gut durchgebraten ist. Das Mehl über das Hackfleisch streuen und 100 ml Wasser dazurühren. Alles weitere 15 Minuten unter Rühren schmoren lassen, dann die Brühe hinzufügen. Mit Salz, Pfeffer und Paprika abschmecken.

Die Bandnudeln nach Packungsanweisung in kochendem Salzwasser bissfest garen. Beamtenstippe mit Nudeln servieren. Dazu Gewürzgurken reichen.

Zubereitungszeit: ca. 20 Minuten (plus Schmor- und Garzeit)

Sülzkotelett mit Bratkartoffeln

Für 4 Portionen

1 Stück Schweinekarree mit 4 Rippen, der Rückgratknochen abgehackt
2 Kalbsfüße
1 Mohrrübe
2 kleinere Zwiebeln
1 Lorbeerblatt
Je 6 Gewürz- und Pfefferkörner
2 Nelken
2 hart gekochte Eier
2–3 Pfeffergürkchen
Einige Kapern
Einige abgebrühte Estragonblätter
2 Eiweiß
1/4 l Essig

Die Kalbsfüße gut waschen, der Länge nach spalten, 10 Minuten abbrühen. Mit Wasser, dem Wurzelwerk und den Gewürzen ansetzen und 1 1/2 Stunden kochen. Das Schweinekarree hinzugeben und alles zusammen weich kochen. Das Fleisch in der Brühe abkühlen, herausnehmen, und die Brühe noch 1 Stunde langsam kochen, passieren und sehr gut abfetten.

Das Eiweiß mit wenig Wasser etwas schlagen, die heiße Brühe unter ständigem Rühren darüber passieren, den Essig hinzugeben, zum Kochen bringen, zur Seite ziehen und zudecken. Sobald das Eiweiß sich als feste Masse auf der Oberfläche gebildet hat und das Gelee völlig klar ist, durch ein Tuch passieren.

Das inzwischen kalt gewordene Schweinekarree zu vier gleichmäßigen Koteletts schneiden, den Knochen ablösen und etwas zurechtstutzen. Den Boden von passenden Formen dünn mit Gelee ausgießen und nach dem Festwerden mit Scheiben der mitgekochten Mohrrübe, hart gekochtem Ei, Scheiben von Pfeffergürkchen, Kapern und Estragonblättern usw. dekorieren. Die Koteletts einlegen, mit Gelee vollgießen und zum Festwerden kaltstellen.

Dazu serviert man Bratkartoffeln.

Man kann Gelee auch mit Gelatine bereiten. Man nimmt je nach der Jahreszeit 14–20 Blatt auf 1 l Brühe, im Durchschnitt 16 Blatt.

Zubereitungszeit: ca. 1 Stunde (plus Gar- und Kochzeit)

Bollenfleisch

Für 4 Portionen

1,2 kg Zwiebeln
1,2 kg Lamm- oder Hammelfleisch
Salz
Pfeffer
2 El Kümmel
2 Lorbeerblätter
2 Knoblauchzehen

Die Zwiebeln schälen und mit dem Fleisch in einen großen Topf geben. So viel Wasser zugeben, dass das Fleisch und die Zwiebeln bedeckt sind.

Salzen und pfeffern. Kümmel, Lorbeerblätter und die Knoblauchzehen dazugeben. Kurz aufkochen lassen, dann bei kleiner Hitze 1 bis 1 1/2 Stunden garen.

Das Fleisch herausnehmen, vom Knochen lösen und klein schneiden. Wieder in die Brühe geben und noch einmal erhitzen. Die Lorbeerblätter herausnehmen.

Das Bollenfleisch noch einmal abschmecken und vor dem Servieren in eine vorgewärmte Terrine umfüllen.

Zubereitungszeit:
ca. 20 Minuten (plus Garzeit)

Lungenhaschee

Für 4 Portionen

1 kg Kalbslunge und -herz
1 Bund Suppengrün
Gewürz- und Pfefferkörner
Salz
1 Zwiebel
1 Lorbeerblatt
2 El Butter
2 El Mehl
1 Prise Zucker
Essig
Pfeffer
Fleischextrakt

Die Lunge und das Herz waschen, in große Stücke schneiden und mit Wasser bedeckt aufsetzen. Aufkochen, abschäumen und dann mit dem geputzten Suppengrün und den Gewürzen in etwa 1 1/2 Stunden langsam weich kochen.

Das Fleisch herausnehmen und etwas abkühlen lassen. Dann durch den Fleischwolf drehen und grob hacken.

Die gewürfelte Zwiebel in der Butter andünsten, mit Mehl durchrösten und mit etwa 1/2 Liter durchgesiebter Lungenbrühe zu einer sämigen Sauce verkochen. Das Fleisch darin heiß werden lassen.

Das Haschee mit Zucker, Pfeffer, Essig und Fleischextrakt kräftig abschmecken.

Zubereitungszeit:
ca. 40 Minuten (plus Kochzeit)

Diplom
Für 25 jährige treue
Dienste
Dem
Canalisations
Arbeiter
Herrn
Eugen Püpke
Die Stadt Berlin
Müller
H. Zille

Jubiläum o. J. ▲

Hasenrücken in Hagebuttencreme

Für 4 Portionen

2 Hasenrücken
Salz
Pfeffer
2 El Öl
1 Bund Suppengemüse
1 Zwiebel

3 El Butter
150 ml Weißwein
50 ml Sherry
6 Wacholderbeeren
250 g Sahne
1 El Hagebuttenmarmelade

Die Hasenrücken von Häuten und Sehnen befreien, vorstehende Knochen abschneiden. Fleisch waschen und trockentupfen, mit Salz und Pfeffer einreiben. Mit Öl einpinseln und etwa 2 Stunden durchziehen lassen.

Inzwischen das Suppengemüse putzen, waschen und klein schneiden, die Zwiebel schälen und hacken. Den Backofen auf 200 °C (Umluft 180 °C) vorheizen.

Die Butter in einem Bräter erhitzen und das Fleisch darin mit der Fleischseite nach unten gut anbraten. Das Gemüse und die Zwiebel zugeben und mitschmoren. Dann angießen. Dann 250 ml Wasser angießen und den Braten im Ofen etwa 20 Minuten braten, nach 15 Minuten die Fleischseite nach oben drehen und etwas bräunen lassen. Das Fleisch aus dem Bräter nehmen und warm stellen.

Bratensatz mit Wein und Sherry aufkochen. Die Wacholderbeeren mit einer Gabel zerdrücken und zufügen. Die Sauce etwas einkochen lassen, durchseihen und die Sahne unterrühren, mit Salz und Pfeffer abschmecken. Zuletzt die Hagebuttenmarmelade unterheben.

Das Fleisch von den Knochen lösen, in Scheiben schneiden und mit der Sauce überziehen. Dazu Bandnudeln und Rosenkohl reichen.

Zubereitungszeit: ca. 25 Minuten (plus Schmorzeit)

Wildschweinragout

Für 4 Portionen

1 kg Wildschweinschulter ohne Knochen
2 Möhren
3 Zwiebeln
1/4 Knollensellerie
1 Tl weiße Pfefferkörner
2 cl Wacholderschnaps
1 l Rotwein
4 El Butterschmalz
1 1/2 El Mehl
250 ml Wildfond
Salz
Pfeffer
1 Msp. Ingwer

Das Fleisch waschen, trockentupfen und in mundgerechte Würfel schneiden. Das Gemüse schälen und klein schneiden. Aus Gemüse, Pfefferkörnern, Schnaps und Rotwein eine Beize herstellen und die Fleischwürfel darin über Nacht marinieren.

Dann das Fleisch herausnehmen und trockentupfen, die Marinade durch ein Sieb gießen. Das Gemüse abtropfen lassen.

Das Butterschmalz in einem Topf erhitzen und die Fleischwürfel darin gut anbraten. Gemüse zugeben und mitschmoren. Dann mit der Marinade ablöschen. Fleisch etwa 50 Minuten schmoren.

Nach Ende der Garzeit die Fleischwürfel aus dem Topf holen, die Sauce pürieren und mit Salz, Pfeffer und Ingwer abschmecken. Fleisch wieder in die Sauce geben und mit Knödeln servieren.

Zubereitungszeit:
ca. 25 Minuten (plus Marinier- und Schmorzeit)

Wildschweinrücken Spreewälder Art

Für 4 Portionen

350 ml Apfelsaft
250 ml Weißwein
1 El Salbei
1 Lorbeerblatt
1 Tl grüne Pfefferkörner
1 kg Wildschweinrücken mit Fett
4 Nelken
1 Tl Salz
Pfeffer
3 El Butterschmalz
200 g Esskastanien
2 El Zucker
1 Tl Instant-Fleischbrühe
100 g Sahne

Aus Saft, Wein, Salbei, Lorbeer und Pfefferkörnern eine Beize bereiten. Das Fleisch waschen und trockentupfen. Dann mit Salz einreiben, die Oberfläche einritzen und mit Nelken spicken. In die Beize legen. 24 Stunden marinieren lassen.

Den Backofen auf 200 °C (Umluft 180 °C) vorheizen. Das Fleisch aus der Beize nehmen und trockentupfen. 2 El Butterschmalz in einem Bräter erhitzen und das Fleisch darin von allen Seiten etwa 7 Minuten anbraten. Etwas Beize durch ein Sieb dazugießen und den Braten im Ofen etwa 2 Stunde schmoren. Gelegentlich mit Bratensaft übergießen und das Fleisch wenden. Nach und nach die restliche Beize zugießen. 15 Minuten vor Ende der Garzeit das Fleisch mit der Fettkruste nach oben legen und knusprig braten.

Inzwischen die Esskastanien einschneiden und etwa 10 Minuten in kochendes Wasser geben, dann schälen und die Innenhäute entfernen. Restliches Butterschmalz mit 1 El Zucker und der Brühe erhitzen und die Esskastanien darin karamellisieren lassen.

Das Fleisch aus dem Bräter nehmen und warm stellen. Den Bratensaft durch ein Sieb gießen, entfetten und mit der Sahne verfeinern. Die Flüssigkeit etwas einkochen lassen, dann mit Salz, Pfeffer und Zucker abschmecken. Fleisch in Scheiben schneiden und mit der Sauce und den Esskastanien servieren. Dazu Teltower Rübchen und Kartoffeln reichen.

Zubereitungszeit: ca. 25 Minuten (plus Marinier-, Schmor- und Garzeit)

Rehpfeffer

Für 6 Portionen

1 1/2 kg Rehfleisch
2 Bund Suppengrün
150 g Schalotten
250 g frische Kräutersaitlinge
100 g Pfefferbutter
1/2 Tl getrockneter Majoran
1/2 Tl Thymian
500 ml Wildfond
500 ml Rotwein
Salz
Pfeffer
2 El Mehl

Das Fleisch gut waschen, trockenreiben, von Sehnen und Häuten befreien und in Würfel schneiden. Das Suppengrün putzen, waschen und klein schneiden. Die Schalotten schälen und fein hacken. Die Pilze putzen, waschen und trockenreiben.

Die Butter in einem Schmortopf erhitzen und die Fleischwürfel darin von allen Seiten gut anbraten. Das Suppengrün und die Schalotten dazugeben und mitschmoren. Dann die Saitlinge sowie Majoran und Thymian hinzufügen.

Mit Wildfond und Rotwein ablöschen und alles bei geschlossenem Deckel etwa 50 Minuten schmoren. Anschließend kräftig mit Salz und Pfeffer würzen und mit dem in Wasser angerührten Mehl andicken.

Rehpfeffer mit Kartoffelklößen servieren.

Zubereitungszeit: ca. 35 Minuten (plus Schmorzeit)

Hirschbraten

Für 6 Portionen

1 Zwiebel
750 ml Rotwein
1 Bund Suppengrün
Salz
Pfeffer
3 El Öl
1 Lorbeerblatt
1/2 Tl Majoran
Schale von 1 unbehandelten Zitrone
1 1/2 kg Hirschfleisch
60 g Butter
250 ml Instant-Fleischbrühe
20 g Mehl
125 ml saure Sahne
200 g Preiselbeergelee

Die Zwiebel schälen und in Ringe schneiden. Das Suppengrün putzen, waschen und klein schneiden.

Rotwein, Öl, Suppengrün und Zwiebelringe in einen Topf geben. Salz, Pfeffer, das Lorbeerblatt, Majoran und Zitronenschale zufügen und alles aufkochen, danach 10 Minuten köcheln lassen.

Das Hirschfleisch waschen, trockentupfen und in die Marinade geben. Abgedeckt etwas 2 Tage ziehen lassen, dabei gelegentlich wenden. Das Fleisch anschließend aus der Marinade nehmen und trockentupfen. Mit Salz und Pfeffer einreiben.

Den Backofen auf 220 °C (Umluft 200 °C) vorheizen. Die Butter in einem Schmortopf erhitzen und das Fleisch darin von allen Seiten gut anbraten. Die Marinade durch ein Sieb über das Fleisch gießen. Das Fleisch im Ofen etwa 1 1/2 Stunden schmoren, danach warm stellen.

Den Bratenfond mit der Fleischbrühe ablöschen und mit dem in Wasser angerührten Mehl andicken. Die Sauce etwa 5 Minuten kochen, dann die saure Sahne einrühren und mit Salz und Pfeffer abschmecken. Das Fleisch mit Sauce und Preiselbeeren servieren.

Zubereitungszeit: ca. 45 Minuten (plus Marinier-, Schmor- und Garzeit)

Wildfasan Hardenberg

Für 4 Portionen

1 küchenfertiger Fasan
Salz
Pfeffer
1 Tl Wacholderbeeren
4 cl Hardenberger Korn
300 g fetter Speck
20 g Butter
200 ml Malzbier
1/2 Tl getrockneter Thymian
1/8 l saure Sahne

Den Fasan gut waschen und trockentupfen. Von innen und außen mit Salz und Pfeffer einreiben. Die Wacholderbeeren in einem Mörser zerdrücken und den Fasan damit einreiben. Dann 2 cl Korn über den Fasan gießen und einige Zeit durchziehen lassen.

Die Hälfte des Specks in dünne Scheiben schneiden und über Brust und Keulen des Fasans legen. Speckscheiben festbinden.

Den Backofen auf 180 °C (Umluft 160 °C) vorheizen. Die Butter in einem Bräter erhitzen, den restlichen Speck in Würfel schneiden und in der Butter auslassen. Den Fasan im Fett von allen Seiten gut anbraten. Mit dem Malzbier ablöschen und mit Thymian würzen.

Den Fasan im Ofen etwa 1 Stunde braten und währenddessen öfter mit dem Bratfond begießen. Nach der Garzeit den Fasan aus dem Bräter nehmen und warm stellen. Den Bratenfond mit etwas Wasser loskochen. Die saure Sahne einrühren und mit Salz, Pfeffer und dem restlichen Korn abschmecken. Fasan mit Biersauce und Kroketten servieren.

Zubereitungszeit:
ca. 30 Minuten (plus Zeit zum Durchziehen, Schmor- und Bratzeit)

Ente auf Hugenottenart

Für 6 Portionen

1 küchenfertige Ente (ca. 1 1/2 kg)
Salz
50 g Gänseschmalz
125 ml Geflügelfond
50 g Butter
250 g Sauer- und Süßkirschen
125 ml Rotwein
125 ml Kirschsaft
3 El Zucker
1 Tl Speisestärke
2 cl Kirschwasser
Pfeffer
150 g Haselnussblättchen

Den Backofen auf 200 °C (Umluft 180 °C) vorheizen.

Die Ente innen und außen gut waschen und trockentupfen. Innen mit Salz einreiben. Das Gänseschmalz in einem Bräter erhitzen und die Ente darin etwa 10 Minuten von allen Seiten gut anbraten. Anschließend den Geflügelfond dazugießen und den Bräter verschließen. Im Ofen etwa 1 1/2 Stunden garen. Nach der Hälfte der Garzeit die Ente von außen salzen und die Butter in Flöckchen darüber geben.

Inzwischen die Kirschen waschen, entsteinen und in einem Sieb abtropfen lassen. Kirschen mit Wein, Kirschsaft und Zucker in einen Topf geben, aufkochen und 5 Minuten köcheln. Die Speisestärke mit etwas kaltem Wasser verrühren und unter die Kirschen rühren, bis sie andicken. Mit Kirschwasser und Pfeffer abschmecken.

Die fertige Ente auf eine große Platte legen und mit den Haselnussblättchen belegen. Mit der Kirschsauce servieren.

Zubereitungszeit: ca. 30 Minuten (plus Koch- und Garzeit)

Der Eindringling UM 1910 ▲

Gemüse- und Kartoffelgerichte

Leipziger Allerlei

Für 4 Portionen

1 kleiner Blumenkohl
250 g Spargel
250 g grüne Bohnen
250 g Erbsen
250 g junge Möhren
250 g Morcheln (aus dem Glas)
Salz
Zucker
5 El Butter
3 El Mehl
500 ml Gemüsebrühe
3 El Sahne
25 g Krebsbutter
Muskat
Zucker
400 g Krebsschwänze

Das Gemüse putzen und waschen. Den Spargel schälen und in Stücke schneiden. Die Bohnen zerschneiden, die Erbsen pulen, die Möhren schälen und halbieren.

Das Gemüse und die Pilze getrennt voneinander jeweils in Salzwasser bissfest garen, den Blumenkohl im Ganzen garen. Das Gemüse nach dem Garen aus dem Topf nehmen, abtropfen lassen und warm stellen.

Die Butter in einem Topf schmelzen, mit dem Mehl eine Mehlschwitze herstellen und mit der Gemüsebrühe aufgießen. Unter Rühren etwas andicken lassen. Sahne und Krebsbutter einrühren und mit Salz, Muskat und 1 Prise Zucker abschmecken.

Die verschiedenen Gemüsesorten auf einer Platte dekorativ anrichten. Morcheln und Krebsschwänze dazulegen und mit der heißen Sauce überziehen.
Leipziger Allerlei wird zu gebratenem Fleisch und Schnitzel gereicht.

Zubereitungszeit: ca. 25 Minuten (plus Garzeit)

Senfgurken

Für einen Einmachtopf à 5 Liter

4 kg große gelbe Schälgurken
100 g Salz
1/4 l Essig
200 g Schalotten
Kirschblätter
20 Pfefferkörner
Dillblüten
Basilikum
Estragon
1/2 Stange Meerrettich
125 g Senfkörner
3/4 l Weinessig
300 g Zucker

Die Gurken schälen, dann einmal längs und einmal quer halbieren. Die Gurkenstücke in 2 cm breite Stücke schneiden in eine Schüssel legen, mit Salz bestreuen und 12 Stunden ruhen lassen.

Danach den Saft abgießen. Die Gurken mit dem kochenden Essig begießen und zugedeckt weitere 24 Stunden stehen lassen. Dann wieder gut abtropfen lassen.

Inzwischen die Schalotten schälen. Den Einmachtopf mit Kirschblättern auslegen. Gurkenstücke, Schalotten, Pfefferkörner, Dill, Estragon, Basilikum und den geschälten, in dünne Scheiben geschnittene Meerrettich hineinschichten. Die Senfkörner darüberstreuen. Den Weinessig mit 1/2 l Wasser und dem Zucker aufkochen und abgekühlt über die Gurken gießen. Den Einmachtopf mit Pergamentpapier bedecken und zubinden.

Zubereitungszeit: ca. 25 Minuten (plus Koch- und Ruhezeit)

„Erst war dir de saure Jurke zu fett – nu frißte det Schmalz von de Stulle.“ ▲

Porree aus dem Backofen

Für 4 Portionen

12 Porreestangen
3 El Butter
Salz
Pfeffer
Gemahlene Muskatnuss
200 ml Weißwein
100 g frisch geriebener Parmesan

Den Backofen auf 220 °C (Umluft 200 °C) vorheizen. Den Porree von den Wurzeln befreien und die oberen dunkelgrünen Enden abschneiden. Die Stangen von oben kreuzweise einschneiden und gründlich waschen, bis kein Sand mehr drinnen ist. Abtropfen lassen.

Eine längliche Auflaufform mit 1 El Butter einfetten und die Stangen hineinlegen. Mit Salz, Pfeffer und Muskat würzen und 1 El Butter flöckchenweise darüber geben.

Den Porree im Ofen etwa 15 Minuten garen, dann die Stangen umlegen, sodass die unteren nach oben kommen, den Wein zugießen, restliche Butter darauf verteilen und den Käse darüber streuen.

Das Gemüse weitere 30 Minuten backen, bis der Käse geschmolzen ist. Porreegemüse zu Bratwurst oder Buletten servieren.

Zubereitungszeit: ca. 20 Minuten (plus Garzeit)

Kartoffelpuffer mit Apfelmus

Für 4 Portionen

1 kg Kartoffeln
3 Eier
Salz
2 El Mehl
120 g Butterschmalz
4 Äpfel
100 g Zucker

Die Kartoffeln waschen, schälen und in eine Schüssel reiben. Das ausgetretene Kartoffelwasser abschütten.

Die Kartoffelmasse mit den Eiern, Salz und Mehl mischen und daraus einen Kartoffelteig herstellen.

Das Butterschmalz esslöffelweise in einer Pfanne erhitzen. Mit einem Löffel Kartoffelteig hineingeben und daraus von beiden Seiten goldgelbe Kartoffelpuffer backen. Nach und nach aus dem restlichen Teig in dieser Weise Kartoffelpuffer backen.

Für den Apfelmus die Äpfel schälen, von den Kerngehäusen befreien und klein schneiden. In einem Topf mit dem Zucker und 250 ml Wasser weich kochen.

Kartoffelpuffer mit Apfelmus servieren.

Zubereitungszeit: ca. 20 Minuten (plus Back- und Kochzeit)

Im Budikerkeller 1911 ▲

Altberliner Erbspüree

Für 4 Portionen

350 g gelbe Erbsen
1 Bund Suppengrün
Je 1 Zweig frischer Majoran und Thymian
1/2 Bund Petersilie
1 Stück Speckschwarte
Salz
2 El Sahne
75 g geräucherter Speck
1 Zwiebel
2 El Butterschmalz

Die Erbsen waschen und über Nacht in Wasser einweichen. Am nächsten Tag Erbsen im Einweichwasser in einen Topf geben.

Das Suppengemüse putzen, waschen und klein schneiden. Die Kräuter waschen. Suppengemüse, Kräuter und Speckschwarte zu den Erbsen geben und etwa 1 1/2 Stunden garen. Nach dem Garen salzen.

Den Speck in Würfel schneiden, die Zwiebel schälen und fein würfeln. Die Erbsen in der Brühe pürieren und mit der Sahne cremig rühren.

Das Butterschmalz in einer Pfanne erhitzen und Zwiebel- und Speckwürfel darin anbraten. Dann über den Erbsbrei geben.

Zubereitungszeit:
ca. 20 Minuten (plus Einweich-, Gar- und Bratzeit)

Schlesisches Himmelreich

Für 4 Portionen

250 g gemischtes Trockenobst
600 g Kartoffeln
1 El Zucker
2 cm Zimtstange
2 El Stärke
600 g Räucherspeck
1 Ei
Salz
Muskat
2 El Mehl
4 El Butter
50 g Paniermehl

Die Kartoffeln am Vortag waschen und in kochendem Salzwasser etwa 20 Minuten garen. Dann abgießen und abkühlen lassen. Das Trockenobst über Nacht in Wasser einweichen.

Das Trockenobst im Einweichwasser mit Zucker und Zimtstange weich kochen, dann mit Stärke sämig rühren. Den Räucherspeck in leicht gesalzenem Wasser etwa 45 Minuten kochen, bis es gar ist.

Die Kartoffeln schälen und zerstampfen und mit dem Ei, Salz, Muskat und Mehl verrühren, dass ein glatter Teig entsteht, der nicht mehr an den Händen klebt. Daraus Klöße formen und in kochendem Salzwasser 15 Minuten garen.

Trockenobst, Speckscheiben und Kartoffelklöße auf Tellern verteilen. Das Paniermehl in der heißen Butter rösten und über das Himmelreich geben.

Zubereitungszeit: ca. 30 Minuten (plus Einweich- und Garzeit)

Eingebackener Spargel

Für 4 Portionen

750 g Spargel
750 g Kartoffeln
2 Eier
Salz
75 g Mehl
1/2 Tl gemahlene Muskatnuss
100 g gekochter Schinken
3 El Butterschmalz
1/2 Bund gehackte frische Petersilie

Den Spargel putzen, waschen, schälen und die holzigen Enden abschneiden. Spargel in etwa 5 cm lange Stücke schneiden. Spargelstücke in kochendem Salzwasser etwa 12 Minuten garen und abgießen.

Die Kartoffeln waschen und in etwa 20 Minuten in Salzwasser garen. Abgießen, abtropfen lassen und schälen. Kartoffeln in einer Schüssel zerstampfen.

Eier, Salz und Mehl zu den Kartoffeln geben und mit Salz, Pfeffer und Muskat würzen. Dann einen geschmeidigen Teig herstellen. Den Teig auf einer bemehlten Arbeitsfläche 1 cm dick ausrollen und 8 Rechtecke daraus schneiden.

Den Schinken in feine Würfel schneiden. Spargel und Schinken auf den Teigrechtecken verteilen und diese zusammenklappen. Die Ränder festdrücken.

Das Butterschmalz in einer Pfanne erhitzen und nacheinander die Teigstücke darin goldbraun backen. Mit Petersilie bestreut servieren.

Zubereitungszeit: ca. 25 Minuten (plus Gar- und Bratzeit)

H. Zille

Teltower Rübchen

Für 4 Portionen

1 kg Teltower Rüben
1 El Salz
80 g Butter
4 El Zucker
250 ml Gemüsebrühe

Die Rüben putzen und waschen. In einem großen Topf etwa 2 l Wasser mit 1 El Salz aufkochen und die Rüben darin etwa 10 Minuten bissfest garen. Dann abgießen und abtropfen lassen.

In einem großen breiten Topf die Butter schmelzen und den Zucker einstreuen, beides bräunen. Dann mit der Gemüsebrühe ablöschen.

Die Rübchen in den Topf geben und gut Farbe annehmen lassen. Dazu den Topf mehrmals schütteln.

Als Beilage zu Fleisch und Fisch servieren.

Zubereitungszeit:
ca. 25 Minuten (plus Garzeit und Zeit zum Bräunen)

Schmorgurkengemüse

Für 4 Portionen

1 kg Gemüsegurken (Senfgurken)
100 g Speck
2 El Butter
5 El Mehl
1 El Zucker
250 ml Milch
1 El Weinessig
Salz
Pfeffer

Die Gurken schälen und mit einem Löffel die Kerne entfernen.
Danach die Gurken in 2 cm dicke Stücke schneiden.
Den Speck würfeln.

Butter in einem Topf schmelzen, den Speck darin auslassen
und den Zucker hineinrühren. Kurz bräunen lassen,
dann das Mehl dazugeben und anschwitzen.
Die Gurken in die Mehlschwitze rühren und mit der Milch auffüllen.

Das Gurkengemüse abgedeckt etwa 15 Minuten dämpfen,
dann mit Salz, Pfeffer, Essig und Zucker abschmecken.

Dazu frische Kartoffeln reichen.

Zubereitungszeit: ca. 15 Minuten (plus Schmor- und Dämpfzeit)

Vadding und Korl UM 1918 ▲

Pellkartoffeln mit Quark und Leinöl

Für 4 Portionen

1 kg Kartoffeln
1 Tl Salz
1 Tl Kümmel
500 g Quark (20 %)
2 El Milch
2 El Sahne
2 Zwiebeln
Pfeffer
3 El Leinöl

Die Kartoffeln gründlich bürsten, waschen und mit Salz und Kümmel in einem Topf mit kochendem Wasser etwa 15 bis 20 Minuten garen.

Inzwischen den Quark mit Milch und Sahne verrühren und mit Salz und Pfeffer würzen. Die Zwiebeln schälen und fein hacken.

Die Zwiebeln unter den Quark mischen und das Leinöl darüber gießen. Die Kartoffeln abgießen und abtropfen lassen.

Die Pellkartoffeln pellen und mit dem Quark und etwas Butter servieren.

Zubereitungszeit: ca. 15 Minuten (plus Garzeit)

Märkisches Kartoffelgulasch

Für 4 Portionen

1 kg Kartoffeln
100 g Schinkenspeck
1 Bund Suppengrün
1 Knoblauchzehe
3 El Butter
250 ml Gemüsebrühe
125 ml Sahne
Salz
Pfeffer
Je 3 El gehackte frische Petersilie und gehackten frischen Liebstöckel

Die Kartoffeln waschen, schälen und in Würfel schneiden. In kochendem Salzwasser etwa 8 Minuten garen, dann das Wasser abgießen.

Den Speck fein würfeln, das Suppengemüse putzen, waschen und klein schneiden. Die Knoblauchzehe schälen und fein hacken.

Butter in einem Topf erhitzen und die Speckwürfel darin anbraten. Das Gemüse und den Knoblauch zugeben und 3 Minuten mitschmoren. Brühe angießen und das Gemüse darin etwa 10 Minuten garen, bis die Flüssigkeit fast verkocht ist.

Die Sahne zugießen und die Kartoffelwürfel unterheben. Weitere 3 Minuten garen lassen, dann die Mischung mit Salz und Pfeffer abschmecken. Mit den Kräutern bestreut servieren.

Zubereitungszeit: ca. 35 Minuten (plus Koch- und Bratzeit)

In der Laubenkolonie 1909 ▲

Süßes

Flammerie

Für 4 Portionen

1 l Milch
75 g Zucker
10 geriebene Mandeln
125 g Grieß
Abgeriebene 1/2 Zitrone
25 g Butter
2 Eigelb
2 Eiweiß

Die Milch mit der Zitronenschale ansetzen, den Grieß regenartig einlaufen lassen und unter mehrfachem Umrühren langsam kochen lassen. Die Mandeln und den Zucker sowie eine Prise Salz hinzugeben.

Sobald der Grieß gar ist, abseits des Herds die Butter und das Eigelb unterrühren. Das Eiweiß zu festem Schnee schlagen und locker unter die kochendheiße Masse ziehen. In eine mit kaltem Wasser ausgespülte Form füllen und erst nach völligem Erkalten stürzen.

Dazu Himbeersaft geben. Oft wird auch Kompott zum Flammerie gereicht.

Zubereitungszeit: ca. 15 Minuten (plus Kochzeit)

Königskuchen

Für 1 Kastenform

250 g Butter
200 g Zucker
1 Päckchen Vanillezucker
Abgeriebene Schale von 1/2 Zitrone
1 Msp. Salz
4 Eier
125 ml Milch
500 g Mehl
1/2 Päckchen Backpulver
4 El Rum
50 g Zitronat
je 150 g Rosinen und Korinthen
Fett und Paniermehl für die Form
Puderzucker zum Bestäuben

Den Backofen auf 180 °C (Umluft 160 °C) vorheizen. Die Butter in einer Schüssel schaumig rühren, den Zucker, Vanillezucker, Zitronenschale und Salz zufügen und alles zu einer glatten Creme schlagen.

Die Eier zugeben und das Mehl, das mit Backpulver vermischt wurde, dazusieben. Zuletzt den Rum zugießen. Nun alles mit dem Handrührgerät zu einem glatten Teig rühren, bis er schwer reißend von einem Löffel fällt.

Die Rosinen und Korinthen heiß überbrühen und unter den Teig heben. Eine Kastenform einfetten und mit Paniermehl ausstreuen. Den Teig hineinfüllen und die Oberfläche glatt streichen.

Den Kuchen im Ofen etwa 1 Stunde backen, dann herausnehmen, auf ein Kuchengitter stürzen und mit Puderzucker bestreuen.

Zubereitungszeit: ca. 25 Minuten (plus Backzeit)

H. Zille.

Eberswalder Spritzkuchen

Für ca. 20 Stück

1 Prise Salz
60 g Butter
150 g Mehl
3–4 Eier
1 gestrichener Tl Backpulver
Margarine zum Einfetten
1/2 l Frittieröl (oder 500 g Frittierfett)
150 g Puderzucker
3 Tl Rum

1/4 l Wasser mit dem Salz und der Butter in einem Topf aufkochen. Dann den Topf vom Herd nehmen und unter Rühren das gesamte Mehl dazugeben.

Den Topf wieder auf den Herd stellen und weiter rühren, bis sich ein Teigkloß gebildet hat, der sich leicht vom Topfboden lösen lässt. In den Teig ein Ei rühren und 5 Minuten stehen lassen.

Dann die übrigen Eier nach und nach unterrühren, bis der Teig glänzt und reißend vom Löffel fällt. Eventuell das 4. Ei dann weglassen. Zuletzt das Backpulver zum Teig geben.

Auf einer Arbeitsplatte ein Stück Backpapier auslegen. Den Teig in einen Spritzbeutel füllen und kleine Kringel auf das Backpapier spritzen.

Das Frittierfett auf 180 °C erhitzen und die Teigkringel darin goldgelb ausbacken. Mit der Schaumkelle herausheben und auf Küchenpapier abtropfen lassen. Den Puderzucker mit Rum und 1 El Wasser verrühren und die Spritzkuchen damit einstreichen.

Zubereitungszeit: ca. 30 Minuten (plus Backzeit)

Früchtebrot

Für 1 Laib

500 g Mehl
1 Würfel Hefe (40 g)
1/8 l Milch
110 g Zucker
1 Prise Salz
175 g Butter
2 Eier
125 g Korinthen
125 g Sultaninen
Je 30 g Zitronat und Orangeat
Abgeriebene Schale einer unbehandelten Zitrone

Das Mehl in eine Schüssel geben und in die Mitte eine Mulde drücken. Die Hefe hineinbröckeln, 3 El Milch erwärmen und mit 1 Tl Zucker unter die Hefe mischen. Mehl darüber streuen und den Vorteig abgedeckt etwa 20 Minuten gehen lassen.

Danach restliche Milch, restlichen Zucker, Salz, 125 g Butter und die Eier zum Teig geben und alles gut verkneten. Diesen Teig weitere 40 Minuten gehen lassen, bis er doppelten Umfang erreicht hat.

Den Backofen auf 200 °C (Umluft 180 °C) vorheizen. Anschließend Korinthen und Sultaninen sowie Orangeat und Zitronat unter den Teig kneten, die Zitronenschale zugeben.

Aus dem Teig einen länglichen flachen Laib formen, diesen von rechts nach links übereinanderschlagen und erneut zu einem Laib formen. Das Brot auf ein gefettetes Backblech legen und abgedeckt noch einmal 15 Minuten ruhen lassen.

Das Früchtebrot im Ofen etwa 50 Minuten backen. Die restliche Butter schmelzen und das Brot nach dem Backen noch heiß damit einstreichen.

Zubereitungszeit:
ca. 25 Minuten (plus Zeit zum Gehen und Backzeit)

Tanz im Hinterhof UM 1912 ▲

Schusterjungen

Für ca. 15 Stück

400 g Roggenmehl
200 g Weizenmehl
35 g Hefe
1/2 Tl Salz
1 Tl Zucker

Beide Mehlsorten in eine Schüssel sieben und das Salz zugeben. Die Hefe mit Zucker und 375 ml warmem Wasser verrühren und in eine Mulde geben, die ins Mehl gedrückt wurde. Den Vorteig abgedeckt an einem warmen Ort gehen lassen.

Anschließend den Teig mit beiden Händen gut durchkneten und erneut zum Aufgehen warm stellen. Den Backofen auf 220 °C (Umluft 200 °C) vorheizen.

Wenn der Teig doppelten Umfang erreicht hat, daraus kleine runde Brötchen formen und auf ein mit Backpapier ausgelegtes Backblech legen.

Die Schusterjungen im Ofen etwa 20 Minuten backen, danach in wenig Roggenmehl wälzen und zu Schabefleisch oder Käse reichen.

Zubereitungszeit:
ca. 30 Minuten (plus Zeit zum Gehen und Backzeit)

Berliner Luft

Für 4 Portionen

4 Eier
125 g Zucker
4 gestrichene El Speisestärke
1/8 l Weißwein
1/16 l Weinbrand
1/4 l Sahne
1/16 l Zitronensaft

Die Eier, den Zucker und die Speisestärke mit dem Weißwein und dem Zitronensaft kalt verrühren.

Dann im Wasserbad unter ständigem Rühren allmählich erhitzen, bis die Masse cremig wird. Sobald die Creme erkaltet ist, die Sahne steif schlagen und zusammen mit dem Weinbrand vorsichtig darunter heben.

Zubereitungszeit: ca. 15 Minuten (plus Zeit zum Erwärmen)

Neue Verordnung 1911 ▲

Berliner Bienenstich

Für 1 Blech

500 g Mehl
20 g Hefe
350 g Zucker
315 g Butter
250 ml Milch
1 Prise Vanillearoma
125 g geriebene Mandeln

Das Mehl in eine Schüssel sieben, eine Mulde hineindrücken und die Hefe hineinbröckeln. 5 El warme Milch und 1 El Zucker zugeben und leicht vermengen. 15 Minuten gehen lassen.

Anschließend die restliche Milch, 150 g Zucker und 65 g Butter zufügen und alles zu einem festen Teig verkneten, die Milch nach und nach zugießen. Den Teig kneten, bis er Blasen wirft. Dann erneut gehen lassen.

Den Backofen auf 200 °C (Umluft 180 °C) vorheizen. Den aufgegangenen Teig nochmals durchkneten, ausrollen und auf ein gefettetes Backblech legen.

Die Mandeln mit 1 El Milch verrühren. Die Butter in einem Topf schmelzen und Zucker mit Vanillearoma darin unter Rühren schmelzen. Dann die Mandeln unterrühren.

Den Teig mit dem Mandelbelag bestreichen und im Ofen etwa 25 Minuten backen.

Zubereitungszeit:
ca. 30 Minuten (plus Zeit zum Gehen und Backzeit)

Altberliner Apfelkuchen

Für 1 Springform

200 g Zucker
200 g Butter
3 Eier
300 g Weizenmehl
Abgeriebene Schale von 1/2 Zitrone
1 kg Äpfel
Zitronensaft
50 g Rosinen
30 ml Rum
Puderzucker zum Bestäuben

100 g Zucker mit der Butter in einer Schüssel schaumig rühren, 2 Eier zugeben und das Mehl unterrühren, zuletzt die Zitronenschale zufügen. Alles zu einem glatten Teig verkneten und in Folie wickeln. 30 Minuten kühlen.

Die Äpfel schälen, halbieren, von den Kerngehäusen befreien und in Spalten schneiden. Mit Zitronensaft beträufeln. Den Backofen auf 200 °C (Umluft 180 °C) vorheizen. Die Rosinen in Rum einweichen.

Den Teig auf einer bemehlten Fläche ausrollen, etwas Teig für die Garnierung zurückbehalten. Teig in eine gefettete Springform legen und die Ränder festdrücken.

Die Apfelspalten überlappend auf dem Teigboden verteilen und die abgetropften Rosinen und den restlichen Zucker darüber streuen. Aus dem Teigrest feine Streifen formen und gitterförmig auf die Äpfel legen.

Das letzte Ei trennen und das Eigelb verquirlen. Das Teiggitter damit bestreichen und den Kuchen im Ofen etwa 45 Minuten backen. Mit Puderzucker bestreuen und abkühlen lassen. Dazu Schlagsahne reichen.

Zubereitungszeit:
ca. 35 Minuten (plus Zeit zum Kühlen und backen)

Unter Freunden UM 1920 ▲

Nonneferzchen

Für ca. 30 Stück

75 g Butter
1 Würfel Hefe (40 g)
1 großes oder 2 kleine Eier
1 kg Mehl
1 Vanillezucker
1 Prise Salz
1 El Zucker
Milch

Das gesiebte Mehl in eine Backschüssel geben. In die Mitte eine Mulde drücken. Die zerbröckelte Hefe mit etwas Zucker und 2 El Milch in die Mulde geben. Mit wenig Mehl zu einem weichen Vorteig anrühren und etwa 15–20 Minuten zugedeckt an einem warmen Ort gehen lassen.

Dann den Vorteig mit den übrigen Zutaten zu einem lockeren Hefeteig schlagen und nochmals 1/2 Stunde gehen lassen.

Mit zwei Esslöffeln kleine Klößchen abstechen und in heißem Butterschmalz schwimmend goldgelb ausbacken.

Mit Zucker bestreuen oder in Zucker wälzen.

Zubereitungszeit:
ca. 15 Minuten (plus Zeit zum Gehen und Backzeit)

Stiftungsfest UM 1908 ▲

Berliner Pfannkuchen

Für ca. 15 Pfannkuchen

500 g Mehl
40 g Hefe
50 g Zucker
1/8 l Milch
2 El Öl
2 Eigelb
1 Tl Salz
2 El Rum
100 g Himbeermarmelade
1 l Frittieröl
Puderzucker zum Bestreuen

Das Mehl in eine Schüssel geben und in die Mitte eine Mulde drücken. Die Hefe hineinbröckeln, 3 El Milch erwärmen und mit 1 Tl Zucker unter die Hefe mischen. Mehl darüber stäuben und den Vorteig abgedeckt etwa 15 Minuten gehen lassen.

Danach restliche Milch, restlichen Zucker, Öl, Eigelbe, Salz und Rum unter den Vorteig mischen und alles gut miteinander verkneten, bis sich der Teig vom Rand der Schüssel löst. Abgedeckt weitere 20 Minuten gehen lassen.

Den Teig auf einer bemehlten Arbeitsfläche fingerdick ausrollen und mit einem Glas Kreise von etwa 8 cm Ø ausstechen. In die Mitte jedes Kreises 1 Teelöffel Himbeermarmelade geben und den Teig leicht darüber ziehen. An den Rändern gut zusammendrücken.

Die Krapfen mit der zusammengefügten Stelle nach unten auf ein mit Backpapier ausgelegtes Backblech setzen und 20 Minuten aufgehen lassen.

Inzwischen das Frittieröl in einem Topf auf etwa 180 °C erhitzen. Die Krapfen in das heiße Fett geben und bei geschlossenem Deckel etwa 2 Minuten frittieren. Den Deckel abnehmen, die Krapfen wenden und weitere 2 bis 3 Minuten frittieren. Herausnehmen und auf Küchenpapier abtropfen lassen. Dann mit Puderzucker bestreuen und abkühlen lassen.

Zubereitungszeit:
ca. 20 Minuten (plus Zeit zum Gehen und Frittierzeit)

Weihnachtsmarkt am Arkonaplatz UM 1912 ▲

Arme Ritter

Für 4 Portionen

250 ml Milch
1 Tl abgeriebene Schale von 1 unbehandelten Zitrone
3 El Zucker
1 El Zimt
4 Scheiben Weißbrot vom Vortag
4 Eier
60 g Butter

Die Milch mit Zitronenschale, Zucker und Zimt in einem Topf aufkochen und abkühlen lassen.

Die Weißbrotscheiben in die abgekühlte Milch legen und 5 Minuten einweichen.

Die Eier in einem Teller verquirlen. Die Weißbrotscheiben aus der Milch nehmen und im Eischaum wenden.

Die Butter in einer Pfanne schmelzen und die Weißbrotscheiben darin von beiden Seiten goldbraun und knusprig braten.

Dazu Fruchtkompott reichen.

Zubereitungszeit: ca. 15 Minuten (plus Koch- und Backzeit)

Rote Grütze

Für 4 Portionen

300 g Himbeeren
150 g rote Johannisbeeren
150 g Kirschen
160 g Zucker
100 g Speisestärke
250 ml Sahne

Himbeeren und Johannisbeeren verlesen, putzen, waschen und abtropfen lassen. Die Kirschen waschen und entsteinen. Das Obst in 750 ml Wasser etwa 15 Minuten garen.

Obst durch ein Sieb passieren und mit 150 g Zucker verrühren. Diese Masse erneut aufkochen. Die Stärke mit 100 ml Wasser anrühren und in die Fruchtmasse geben. Unter Rühren aufkochen lassen.

Die Grütze auf 4 Dessertschalen verteilen und abkühlen lassen. Die Sahne mit dem restlichen Zucker sämig schlagen und zur Roten Grütze reichen.

Zubereitungszeit:
20 Minuten (plus Garzeit und Zeit zum Abkühlen)

Ein Vielseitiger 1907 ▲

Bierkaltschale

Für 4 Portionen

1 l Weißbier
100 g Zucker
Das Abgeriebene 1 Zitrone
100 g geriebenes Schwarzbrot
75 g Korinthen
4–5 entkernte, entrindete Zitronenscheiben

Die Korinthen in warmem Wasser aufquellen lassen und abgießen.

Das Reibbrot im Ofen etwa 15 Minuten rösten, mit dem Zucker vermengen und durch ein Drahtsieb reiben.

Das Weißbier aufkochen, mit der abgeriebenen Zitronenschale vermischen, zudecken und erkalten lassen.

Das Reibbrot mit dem Zucker, die Korinthen und die Zitronenscheiben in eine Suppenterrine geben, das Weißbier darübergießen, zudecken und vor dem Servieren sehr gut kühlen.

Zubereitungszeit:
ca. 15 Minuten (plus Quell-, Röst- und Kochzeit)

Berlin C.
Weissbier von A. Landré, Stralauerstr. 36/37
Berlin C.
Berliner Weissbier-Brauerei
A. LANDRÉ
BERLIN
Tanzsaal
H. Zille
1912.

Birnenauflauf

Für 4 Portionen

6–8 Birnen
2 Äpfel
Margarine zum Einfetten
200 g Haferflocken
150 g Zucker
1 Tl Nelkenpulver
1 Tl abgeriebene Schale einer unbehandelten Zitrone
1 Msp. Salz
2 El Butter

Die Birnen und Äpfel waschen, schälen, halbieren und die Kerngehäuse entfernen. Die Früchte in Spalten schneiden.

Den Backofen auf 180 °C (Umluft 160 °C) vorheizen. Eine Auflaufform einfetten und ein Viertel des Obstes hineinschichten.

Die Haferflocken mit dem Zucker, Nelkenpulver, Zitronenschale und Salz mischen und ebenfalls ein Viertel davon über die Früchte geben. Darauf 1/2 El Butter in Flöckchen setzen. Das nächste Viertel Obst darauf legen und so fortfahren, bis alle Zutaten aufgebraucht sind.

Den Auflauf im Ofen etwa 1 Stunde garen. Schmeckt gut mit saurer Sahne.

Zubereitungszeit: ca. 20 Minuten (plus Backzeit)

Register

978-3-89836-476-8
Format: 24 x 17,5 cm
80 Seiten mit rund
80 s/w-Abbildungen
Hardcover
Gebundener Ladenpreis: € 7,95 (*)

978-3-89836-477-5
Format: 24 x 17,5 cm
108 Seiten mit
100 s/w-Abbildungen
Hardcover
Gebundener Ladenpreis: € 7,95 (*)

3-7716-2506-8
Format: 14,5 x 10 cm
160 Seiten mit rund 73 s/w-
und 74 farbigen Abbildungen
Hardcover
Gebundener Ladenpreis: € 8,90 (*)

978-3-89836-478-2
Format: 24 x 17,5 cm
128 Seiten mit 110 s/w-Abbildungen
Hardcover
Gebundener Ladenpreis: € 7,95 (*)

Rund ums Freibad zeigt einen ganz speziellen Teil Berliner Lebens, der zumeist der einzig mögliche Weg der Flucht aus der Enge der finsteren Hinterhöfe war. In seinem handschriftlich abgedruckten Vorwort erinnert sich der Meister selbst an seine Jugend an der Spree und die Berliner Originale, die es dort zu beobachten gab.

Mein Milljöh Das Buch stieß bereits bei Erscheinen 1913 auf eine große Fan-Gemeinde. Die Menschen kannten Zilles Zeichnungen bereits aus dem „Simplicissimus" und aus „Korl und Vadding", das wöchentlich erschien und schon damals eine Auflage von 600.000 Exemplaren erreichte.

Pinsel-Heinrich Dieses kleine Büchlein zeigt, was Zilles Werk ausmacht: sozialkritischer Biss und Situationskomik, Ironie und menschliche Wärme, karikierende Typenformung und höchst sensible Beobachtungsgabe. Zilles Werk ist eine in der deutschen Kunst einmalige Melange.

Kinder der Straße Die Kritik Zilles an den herrschenden sozialen Zuständen ist auch in diesem ersten, mit Begeisterung aufgenommenen Sammelband nicht zu übersehen. Er prangert auf Zille-typische Weise die Missstände seiner Zeit an. Das von ihm selbst 1908 zusammengestellte Buch zeigt berlinerische Urwüchsigkeit, schlagfertigen Witz und heitere, rücksichtslose Lebensbetrachtung.

*(*Deutschland und Österreich)*

Das dicke
Zillebuch
KOMET